PARK

GRILLEN
MIT NOBBY

IMPRESSUM

HEEL Verlag GmbH
Gut Pottscheidt
53639 Königswinter
Tel.: 02223 9230-0
Fax: 02223 9230-13
info@heel-verlag.de
www.heel-verlag.de

Fotos: Theodor Barth (5, 7, 22, 25, 28, 32, 38, 41, 42, 46, 48, 52, 54, 56, 60, 61, 62, 64, 68/69, 70, 74, 76, 80, 82, 90, 94/95, 98, 102, 104, 106, 108, 112, 115, 118, 121, 122, 128), Borussia Dortmund GmbH & Co. KGaA (4/5, 6/7, 8/9, 10-17, 30/31, 44/45, 58/59, 71, 72/73, 86/87, 100/101, 114/115), Volker Debus (18, 20, 24, 34, 36, 40, 50, 66, 78, 84, 88, 92, 96, 110, 116, 120, 124), Enders Colsman AG (10), Sandra Then (26, 126)
Coverfotos: Theodor Barth
Foodstyling: Kristina Nowoczin
Autoren: Oliver Sievers & Nobby Dickel
Beratung: Antje Heel
Lektorat der Rezepte: Hendrik Wolff
Projektleitung: Thorsten Elbrigmann
Gestaltung: Axel Mertens, Heel Verlag
Gesamtherstellung: Print Consult GmbH

Dieses Buch und die darin enthaltenen Rezepte wurden nach bestem Wissen und Gewissen verfasst. Weder der Verlag noch der Autor tragen die Verantwortung für ungewollte Reaktionen oder Beeinträchtigungen, die aus der Verarbeitung der Zutaten entstehen.

– Alle Angaben ohne Gewähr –

Printed in Slovakia

ISBN 978-3-96664-888-2

MIX
Papier | Fördert gute Waldnutzung
FSC® C084279

NOBBY DICKEL & OLIVER SIEVERS

GRILLEN MIT NOBBY

DAS GROSSE BVB GRILLBUCH

HEEL

INHALT

01. TRAININGSLAGER:
Rubs, Saucen und Salate

02. WARMUP:
Vorspeisen, Starters, Fingerfood

03. HINRUNDE:
Burger und Wurst in köstlichen Kombinationen

03+01 RÜCKRUNDE:
Spare Ribs, Steak und Meer vom Feinsten

Heja BVB, heja BVB, heja, heja, heja BVB!

„Der BVB ohne Südtribüne, ist wie Fußball ohne Ball."

Hans-Joachim Watzke

05. ALLES IN 09 MINUTEN:
Garantiert in einer Halbzeitpause fertig

06. CHAMPIONS LEAGUE:
Europäische Klassiker auf dem Grill

07. DER POKAL HAT SEINE EIGENEN GESETZE:
Vegetarische Crossover-Spezialitäten

08. K.O.-PHASE
Heiße Desserts vom Grill

09. FINALE:
Mitternachtsgrillen

VORWORT

SEI DOCH MA STILL, DIE GRILLEN!

Wir kennen uns schon eine halbe Ewigkeit. Uns verbindet die Leidenschaft für Fußball ebenso wie die Liebe zum Grillen. Irgendwie war es nur eine Frage der Zeit, dass wir mal ein Buch zusammen machen. Und so brachte jeder das ein, was er am besten kann: der eine (Olli) einen Berg genialer Rezepte, ganz strukturiert mit allen Finessen und dazu ein lexikalisches Wissen zum Thema Grillen. Der andere (Nobby) spontane Ideen, die gewohnt spitze Zunge, wenn es um neue Wortkreationen für die Rezepte geht und natürlich einen riesigen Schlüsselbund mit allen Türöffnern im schönsten Stadion der Welt. Dabei heraus kamen 09 fabelhafte Kapitel der unendlichen Grillgeschichte. Denn was passt besser zu einer gemütlichen Fußballrunde als lecker Gegrilltes?

Wir zeigen Euch, wie man schon mit wenig Ausrüstung eine Menge auf die Gabel kriegt. Aber wer mehr als Liga-Alltag will, der kann sich auch in der Champions League versuchen und seinem Grill die perfekte Pizza entlocken. Alles möglich, alles gar nicht so schwer. Also: Heizt den Grill an! Es geht los!

Haut rein und natürlich: Heja BVB!

Eure Grillmeister

Nobby Dickel und Olli Sievers

ICH RIECH NIX! DOCH! GETZ!

WIR HALTEN FEST UND TREU ZUSAMMEN.
BALL HEIL HURRA, BORUSSIA!
VOR KEINEM GEGNER WIR VERZAGEN.
BALL HEIL HURRA, BORUSSIA!
WIR ZIEH'N VERGNÜGT UND FROH DAHIN,
SCHWARZGELB IST UNSRE TRACHT.

WIR HABEN STETS EINEN HEIT'REN SINN,
SIND LUSTIG NIE VERZAGT.
WIR KENNEN EINE FEINDSCHAFT NICHT,
WIR SCHAFFEN HAND IN HAND.
STETS RUHIG BLUT EIN FROH GESICHT,
IST JEDEM WOHL BEKANNT!

WIR HALTEN FEST UND TREU ZUSAMMEN.
BALL HEIL HURRA, BORUSSIA!
VOR KEINEM GEGNER WIR VERZAGEN.
BALL HEIL HURRA, BORUSSIA!

WOHL AUF DEM GANZEN ERDENKREIS
IST UNSER SPORT BEKANNT
BORUSSIA SPIELER WIE MAN WEISS
DIE HALTEN DEM STÄRKSTEN STAND.

UND WENN DIE FUSSBALLFLÖTE SCHRILLT,
BORUSSIA TRITT HERVOR!
ZUM WETTSPIEL SIND WIR STETS BEREIT.
VERTEIDIGEN UNSER TOR!

WIR HALTEN FEST UND TREU ZUSAMMEN.
BALL HEIL HURRA, BORUSSIA!
VOR KEINEM GEGNER WIR VERZAGEN.
BALL HEIL HURRA, BORUSSIA!

Nobby ist eine lebende BVB-Legende. Der „Adler" von Berlin 1989 beim 4:1 im DFB-Pokal-Endspiel gegen Werder ist unvergessen, seine Stimme im Stadion bei jedem Heimspiel die pure Motivation. Oliver Sievers' Markenzeichen ist der Strohhut. Darunter steckt der World BBQ Champion und Autor mehrerer Bestseller-Grillbücher. Sein Gespür für die richtige Mischung auf dem Grill gleicht der eines Meister-Trainers für seine Mannschaft auf dem Spielfeld.

Nobby Dickel

Olli Sievers

„FUSSBALL IST DAS SPIEL. BORUSSIA SEINE SEELE.“

JÜRGEN KLOPP

01. TRAININGSLAGER

Rubs, Saußen und Salate

GRILLVORBEREITUNG

Für die Rezepte in diesem Buch eignet sich eigentlich jeder Grill, der über einen Deckel und ausreichend Fläche verfügt, egal, ob er mit Holzkohle oder Gas betrieben wird.

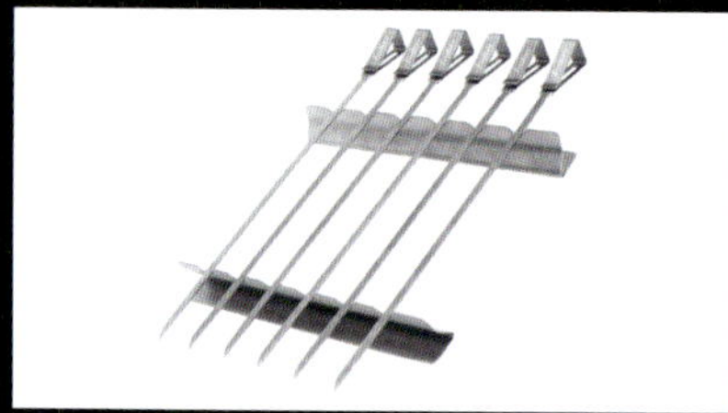

Als Zubehör wird auch nicht viel benötigt, die meisten Rezepte kommen sogar völlig ohne aus.

Lediglich ein paar Spieße, eine Räucherplanke, ein Pizza- oder Backstein und eine geeignete Pfanne wären nötig, um alle im Buch befindlichen Gerichte zu zaubern. Allerdings sind das auch Zubehörteile, die jeder halbwegs ambitionierte Griller eh sein Eigen nennt oder die man ansonsten leicht im Grillhandel bekommen kann.

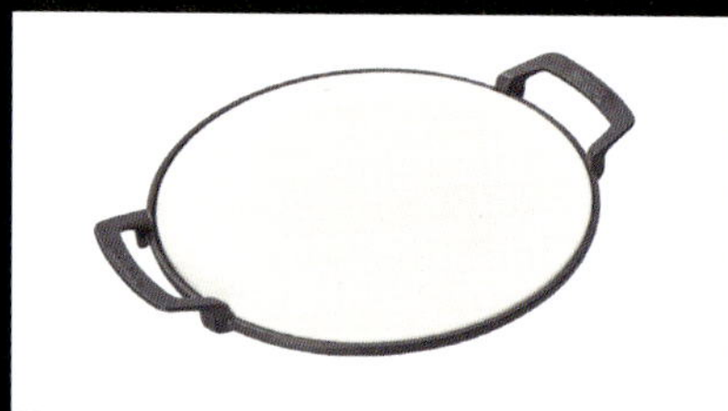

Der Grill sollte rechtzeitig vor der Zubereitung angefeuert und auf die gewünschte Temperatur eingeregelt werden, üblicherweise mit einer direkten und einer indirekten Zone. Dafür macht man bei einem Gasgrill nicht alle Brenner an und schafft so direkte und indirekte Flächen. Bei einem Kohlegrill legt man dazu am besten nur eine Hälfte des Kohlerostes mit Glut aus. In der Indirekten Zone liegt das Grillgut nicht direkt über der Flamme oder Glut, so dass dort die Lebensmittel fertig gegart oder auch nur warmgehalten werden können. Im direkten Bereich sorgt die Hitze für die nötigen Röstaromen, die zum Grillen einfach dazugehören, und die für den beliebten Grillgeschmack sorgen.

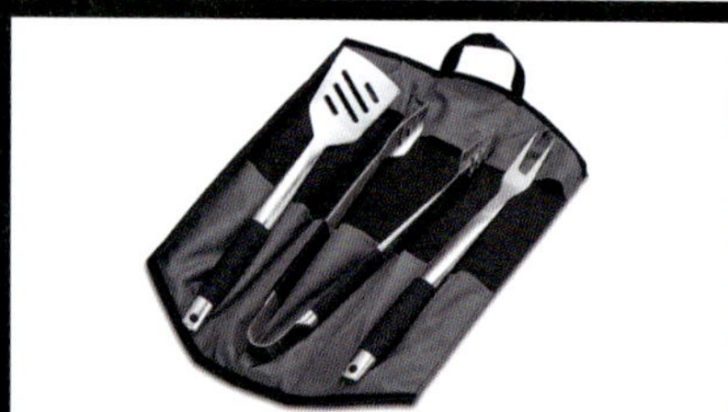

Nach dem Grillen den Grill auf höchste Temperatur einregeln und ca. 10 Minuten lang so laufen lassen, bevor er dann ausgeschaltet oder heruntergeregelt wird. Dadurch verbrennen Speisenreste und Fette auf dem Rost, und die Reinigung wird deutlich erleichtert. Normalerweise reicht das Abbürsten des Rostes mit einer geeigneten Grillbürste.

RUBS

ASIA-RUB

1 TL Koriandersamen
1 TL Ingwerpulver
2 TL Fünf-Gewürze-Pulver
1 TL Zwiebelpulver
1 TL Knoblauchpulver
1 TL Chiliflocken
1 TL schwarzer Pfeffer
1 TL Szechuanpfeffer
1 TL Zitronengraspulver
2 TL Salz
6 TL Zucker

BBQ-RUB FÜR CHICKEN

5 EL Paprikapulver, edelsüß
3 EL Salz
2 EL schwarzer Pfeffer, frisch gemahlen
2 EL Zwiebelpulver
2 EL Knoblauchpulver
1 EL getrockneter Oregano
1 EL getrockneter Thymian
1 EL Cayennepfeffer

BBQ-RUB FÜR SCHWEIN

6 EL brauner Zucker
2 EL Salz
4 EL Paprika, edelsüß
1 EL geschroteter Pfeffer
1 EL Zwiebelpulver
1 EL Knoblauchpulver
1 TL Chilipulver
1 TL getrockneter Oregano
1 TL gemahlener Cumin

CAJUN-RUB

5 EL grobes Meersalz
3 EL geschroteter schwarzer Pfeffer
2 EL Zwiebelgranulat
2 EL brauner Zucker
2 EL getrockneter Thymian
1 EL Knoblauchgranulat
1 TL Cayennepfeffer

BBQ-RUB FÜR RIND

6 EL Meersalz
5 EL Pfeffer, grob zerstoßen
2 EL getrockneter Oregano
2 EL Knoblauchgranulat
1 EL gemahlener Cumin

GYROS-RUB

3 EL getrockneter Oregano
3 EL getrockneter Thymian
1 EL getrockneter Rosmarin
1 EL getrockneter Majoran
2 EL Salz
2 EL gemahlener schwarzer Pfeffer
2 EL Paprikapulver, rosenscharf
1 EL Zucker
2 EL Zwiebelgranulat

2 EL Knoblauchgranulat

1 EL Korianderpulver

1 EL gemahlener Kreuzkümmel

HOT & SPICY

2 TL Chilipulver

2 TL grobes Meersalz

2 TL brauner Zucker

2 TL Paprikapulver, geräuchert

1 TL getrockneter Thymian

2 TL Knoblauchpulver

1 TL gemahlener Cumin

1 TL geschroteter Pfeffer

VEGGIE-RUB

3 EL Salz

2 EL Pfeffer

1 EL Chipotle-Chili

1 EL Zwiebelgranulat

1 EL Knoblauchgranulat

1 EL getrockneter Rosmarin

1 EL Bohnenkraut

1 EL Fenchelsaat

SAUCEN & DIPS

BBQ-SAUCE

Knoblauchzehen

1000 ml passierte Tomaten

400 ml Apfelmus

200 g brauner Zucker

10 g Chilipulver

20 g Senfmehl

20 g geräuchertes Paprikapulver

200 ml Apfelessig

50 ml Worcestersauce

100 g Waldhonig

ZUBEREITUNG

Den Knoblauch schälen, pressen und mit den restlichen Zutaten in einen Topf geben. Die Zutaten kurz aufkochen lassen und dann für ca. 2 Stunden bei niedriger Temperatur sanft einkochen. Abschmecken und abfüllen.

BURGER-SAUCE

1 Knoblauchzehe

1 kleine Zwiebel

200 g Mayonnaise

50 g Gurkenrelish

50 g Tomatenketchup

25 g Senf, mittelscharf

25 g Zucker

25 g Paprika, edelsüß

20 ml Limettensaft

Salz & Pfeffer, nach Belieben

ZUBEREITUNG

Den Knoblauch schälen und pressen. Die Zwiebel schälen und fein hacken. Beide Zutaten mit den restlichen Zutaten gut vermengen und mit Salz und Pfeffer abschmecken.

TOMATEN-PAPRIKA-SALSA

1 Tomate

1 rote Spitzpaprika

1 Chilischote

Petersilie, nach Belieben

Koriander, nach Belieben

1 Knoblauchzehe

4 EL Olivenöl

Saft von 1 Limette

Salz & Pfeffer, nach Belieben

ZUBEREITUNG

Tomate putzen, Paprika und Chilischote entkernen und die drei Zutaten in feine Würfel schneiden und in eine Schüssel füllen.

Die Kräuter hacken, den Knoblauch schälen und reiben und alles zum Gemüse dazugeben.

Olivenöl hinzufügen und mit Limettensaft, Salz und Pfeffer abschmecken.

Etwas ziehen lassen und vor dem Servieren nochmals abschmecken.

CHIMICHURRI

1 Bund Petersilie

1 kleine rote Zwiebel

2 Knoblauchzehen

1 EL getrockneter Oregano

1 EL getrockneter Thymian

1 TL Chiliflocken

100 ml Olivenöl

20 ml Weißweinessig

1 Lorbeerblatt

1 milde Chilischote

Salz & Pfeffer, nach Belieben

Saft von 1 Limette

ZUBEREITUNG

Zwiebel, Petersilie, Knoblauch und Chili sehr fein hacken und mit den anderen Zutaten vermengen.

Mit Salz, Pfeffer und Limettensaft abschmecken.

Vor dem Verzehr mindestens 1 Stunde ziehen lassen.

Chimichurri hält sich im Kühlschrank mindestens 1 Woche.

BBQ-AIOLI

200 ml Mayonnaise

4 Knoblauchzehen, gerieben

1 EL Paprikapulver, geräuchert

Salz & Pfeffer, nach Belieben

Saft von 1 Limette

ZUBEREITUNG

Die Mayonnaise mit Knoblauch und Paprika vermengen. Mit Salz, Pfeffer und Limettensaft abschmecken.

GRÜNES PESTO

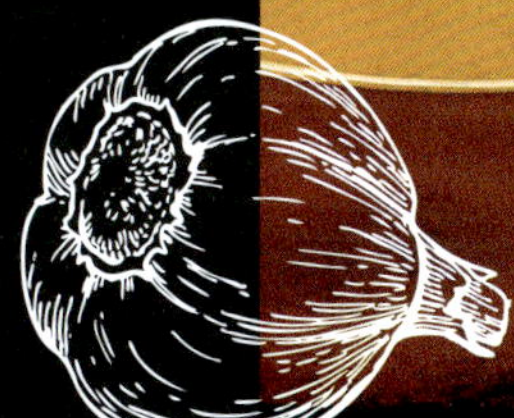

2 Bund frisches Basilikum

60 g Pinienkerne, in einer Pfanne ohne Fett leicht angeröstet

3 Knoblauchzehen

50 g Parmesan, frisch gerieben

50 ml gutes Olivenöl

1 rote Chilischote (optional)

Salz & Pfeffer, nach Belieben

ZUBEREITUNG

Knoblauch, Pinienkerne, Parmesan und Basilikum mit etwas Salz in einen Mörser geben und alles zu einer Paste verarbeiten.

Olivenöl dazugeben und mit Salz und Pfeffer abschmecken.

Optional noch eine in feine Ringe geschnittene rote Chilischote dazugeben, sie peppt die ganze Sache ordentlich auf.

TSATSIKI

4 PORTIONEN
100 g Salatgurke

500 g Joghurt, 10 % Fett

2 Knoblauchzehen

3 EL Olivenöl

2 EL Minze oder Dill, gehackt

Salz & Pfeffer

Saft von 1 Limette

ZUBEREITUNG
Gurke längs halbieren und mit einem Löffel entkernen, ob mit oder ohne Schale ist Geschmackssache, ich mag es lieber mit der Schale. Mit einer grobem Reibe in kleine Stücke reiben und in einen Schüssel geben.

Leicht salzen und für 30 Minuten ziehen lassen.

Mit einem Tuch das Wasser aus der Gurke pressen.

Den Joghurt und das Olivenöl in eine Schüssel füllen und die entwässerte Gurke dazugeben.

Knoblauch mit einer feinen Reibe reiben und mit in die Schüssel geben.

Alles gut miteinander vermengen und mit Salz, Pfeffer und Limettensaft abschmecken.

Minze oder Dill hinzufügen und unterrühren.

STOCKBROT

STOCKBROT MIT BACON

4 PORTIONEN
500 g Mehl (Type 405)

1 Packung Trockenhefe

3 EL brauner Zucker

1 EL Salz

250 ml lauwarmes Wasser

20 ml Olivenöl

8 Scheiben Bacon

UTENSILIEN:
Spieße oder abgeschälte, frische Äste

ZUBEREITUNG
Mehl, Hefe, Zucker und Salz in eine Schüssel geben und miteinander vermengen.

Wasser und Öl hinzugeben und alles zu einem geschmeidigen Teig verarbeiten, bis er sich leicht vom Schüsselrand löst.

Abgedeckt an einem warmen Platz ca. 30 Minuten gehen lassen, bis sich das Volumen ungefähr verdoppelt hat.

Teig in 8 Portionen teilen und zu Kugeln formen, dann nochmal ca. 15 Minuten abgedeckt ruhen lassen.

Die Kugeln zu Würsten formen und den Bacon längs an den Teig drücken.

Um dicke Spieße oder abgeschälte frische Äste wickeln.

Uber direkter mittlerer Hitze langsam grillen, bis der Bacon und das Brot goldbraun sind.

SALATE

ASIA-STYLE KRAUTSALAT

4 PORTIONEN
400 g Chinakohl

2 Stangen Sellerie

1 rote Spitzpaprika

1 Chilischote, nach Wahl

½ Bund Petersilie

½ Bund Koriander

1 EL frischer Ingwer

50 ml Sojasauce

20 ml Reisessig

Saft von 1 Limette

Salz & Pfeffer, nach Belieben

ZUBEREITUNG

Chinakohl, Sellerie, Spitzpaprika und Chilischote putzen und zusammen mit Petersilie und Koriander in feine Streifen schneiden. Den Ingwer schälen und fein reiben. Die Zutaten in eine Schüssel füllen.

Sojasauce, Essig und Limettensaft dazugeben und mit Salz und Pfeffer würzen.

Alles gut miteinander vermengen und für mindestens 30 Minuten ziehen lassen.

Vor dem Servieren nochmals abschmecken und gegebenenfalls nachwürzen.

CRAZY COLESLAW

FÜR 4 PORTIONEN

400 g Chinakohl

3 Stangen Sellerie

2 rote Spitzpaprika

1 Chilischote, nach Wahl

½ Bund Petersilie

50 ml Mayonnaise

Saft von 1 Limette

Salz & Pfeffer, nach Belieben

ZUBEREITUNG

Chinakohl, Sellerie, Spitzpaprika und Chilischote putzen und zusammen mit Petersilie in feine Streifen schneiden und in eine Schüssel geben.

Mayonnaise und Limettensaft dazugeben und mit Salz und Pfeffer würzen.

Alles gut miteinander vermengen und für mindestens 30 Minuten ziehen lassen.

Vor dem Servieren nochmals abschmecken und gegebenenfalls nachwürzen.

GEGRILLTER COLESLAW

4 PORTIONEN

1 Kopf Weißkohl

1 Bund Lauchzwiebeln

2 Stangen Bleichsellerie

1 Karotte

1 Chilischote

½ Bund Petersilie

Salz & Pfeffer, nach Belieben

Olivenöl

200 ml Sour Cream

100 ml süße Sahne

Saft von 2 Limetten

Zucker

ZUBEREITUNG

Den Kohl putzen und längs vierteln.

Die Schnittflächen mit etwas Öl bestreichen und den Kohl auf dem Grill über direkter, mittlerer Hitze leicht von allen Seiten anrösten.

Wenn ausreichend Röstaromen entstanden sind, den Kohl im indirekten Bereich des Grills für ca. 20 Minuten bei 180 °C garen.

In der Zwischenzeit die Karotte grob reiben, den Sellerie, die Lauchzwiebeln und die Chilischote in Ringe schneiden.

In eine Schüssel geben und Sour Cream, Sahne und die feingehackte Petersilie hinzufügen. Mit Salz und Pfeffer würzen und mit Limettensaft und Zucker abschmecken. Dabei sollte das Dressing noch etwas zu sauer und zu salzig sein, denn der Kohl ist ja noch nicht gewürzt.

Den Kohl vom Rost nehmen, abkühlen lassen und in feine Streifen schneiden, der Strunk kann jetzt weg.

Mit in die Schüssel geben und alles gut vermengen. Für ca 1. Stunde ziehen lassen und nochmals kräftig abschmecken.

„GIB MICH DIE KIRSCHE!“

LOTHAR EMMERICH

02. WARM-UP

Vorspeisen, Starters, Fingerfood

TIPP

Geschälte Scampi erleichtern den Gästen das Essen, Scampi in der Schale bleiben dafür länger saftig.

GARNELENSPIESSE

mit mediterraner Salsa

4 PORTIONEN

5 mittelgroße Garnelen / Scampi pro Person
2 Tomaten
2 gelbe Paprikaschoten
2 Knoblauchzehen
1 Chilischote
1 Bund Basilikum
1 Bund Oregano
Olivenöl
Abrieb von ½ Zitrone
Salz & Pfeffer, nach Belieben

UTENSILIEN:
Holzspieße

ZUBEREITUNG

Die Tomaten und die Paprikaschoten putzen und in kleine Würfel schneiden.

Den Knoblauch und die Chilischote fein hacken. Alles in eine Schüssel geben.

Die Kräuter hacken und hinzufügen.

30 ml Olivenöl und den Abrieb von ½ Zitrone dazugeben und alles gut miteinander vermengen. Mit Salz und Pfeffer abschmecken.

Jeweils 5 Garnelen auf zwei parallel angeordnete Spieße stecken und mit etwas Olivenöl bepinseln.

Auf dem vorgeheizten Grill (ca. 200 °C) von beiden Seiten je 2–3 Minuten direkt grillen.

Vom Grill nehmen und kurz ruhen lassen.

Die Spieße auf einem Teller anrichten und mit der Salsa servieren.

CHICKEN ROLL

4 PORTIONEN

800 g ausgelöste Hähnchenschenkel
100 g BBQ-Rub für Chicken (siehe S. 11)
1 rote Paprikaschote
1 Chilischote
2 Lauchzwiebeln
1 Knoblauchzehe
100 ml Mayonnaise
½ Bund Koriander
Salz & Pfeffer, nach Belieben
Saft von ½ Zitrone
8 Hot Dog Buns

ZUBEREITUNG

Das Hähnchenfleisch mit dem BBQ-Rub würzen.

Auf dem Grill bei mittlerer Hitze (180 °C) von allen Seiten anrösten und garen. Dabei mehrfach wenden und zum Ruhen in den indirekten Bereich des Grills legen.

Die Kerntemperatur sollte mindestens 78 °C erreichen, da Hähnchen durgegart werden muss!

Die Paprikaschote, die Lauchzwiebeln und die Chilischote putzen und in kleine Stücke schneiden. Den Knoblauch hacken. Mit der Mayonnaise in eine Schüssel geben.

Den Koriander hacken und zum Gemüse dazugeben. Dann die Mischung mit Salz und Pfeffer würzen und mit Zitronensaft abschmecken.

Das gegrillte Hähnchen möglichst heiß in mundgerechte Stücke schneiden und ebenfalls mit in die Schüssel geben. Alles gut miteinander vermengen.

Die Hot Dog Buns kurz im Grill toasten und einschneiden.

Füllung in die Buns geben und mit etwas gehacktem Koriander und Salatblättern garnieren.

HACK-FUSSBÄLLCHEN

mit Pfirsich und Feta

16 BÄLLCHEN

1 kg Rinderhack
16 Mini-Mozzarella
16 Scheiben Bacon
50 g BBQ-Rub für Rind (siehe S. 11)
200 ml BBQ-Sauce
100 ml Pfirsichsaft
1 Pfirsich

ZUBEREITUNG

Hackfleisch mit dem BBQ-Rub würzen und gut vermischen. In 16 Portionen aufteilen.

Das Hack in der Handfläche flach ausbreiten.

Jeweils einen Mini-Mozzarella auf das Hack geben und zu einer Kugel formen.

Mit jeweils einer Scheibe Bacon umwickeln.

Den Grill auf ein indirektes Grillen bei ca. 200 °C vorbereiten.

Die Kugeln in den indirekten Bereich legen und etwas Räucherholz (z. B. Kirschholz) in die Glut geben.

In der Zwischenzeit die BBQ-Sauce mit dem Pfirsichsaft vermischen.

Die Hack-Fußbällchen für ca. 25 Minuten indirekt garen und dann mit der BBQ-Sauce bepinseln.

Nach 5 Minuten noch einmal mit der Sauce bestreichen.

Nach weiteren 5 Minuten vom Grill nehmen und vor dem Servieren für 5 Minuten ruhen lassen.

ASIATISCHE CHICKEN WINGS

2-3 PORTIONEN

1 kg Chicken Wings
50 ml Sojasauce
100 g Asia-Rub (siehe S. 11)
2 Lauchzwiebeln
1 Chilischote
200 ml Sweet-Chili-Sauce

ZUBEREITUNG

Die Sojasauce und den Rub in eine große Schüssel geben und zu einer Marinade mischen.

Dann die Chicken Wings am Gelenk trennen und zur Marinade geben. Alles gut miteinander vermengen und für 2–4 Stunden im Kühlschrank marinieren.

Den Grill auf ein indirektes Grillen bei ca. 200 °C vorbereiten.

Die Wings im indirekten Bereich des Grills platzieren und für 25–30 Minuten garen.

Währenddessen die Lauchzwiebeln und die Chilischote in feine Ringe schneiden und mit der Sweet-Chili-Sauce vermischen.

Sobald die Chicken Wings durch sind, vom Grill nehmen und in eine große Schüssel geben. Mit der Sauce übergießen und alles gut miteinander vermengen.

Die Wings auf einer Platte anrichten und mit etwas zusätzlicher Sauce servieren.

STEAKSANDWICH

4 PORTIONEN

1 Rib Eye oder Rumpsteak, ca. 500 g
einige Salatblätter
2 große Tomaten
2 Gewürzgurken
1 Baguette oder Ciabatta
Mayonnaise, nach Belieben
Senf, nach Belieben
200 g Blauschimmelkäse, in Scheiben
Salz & Pfeffer, nach Belieben
Öl zum Braten

ZUBEREITUNG

Das Steak mit Salz würzen und auf der heißen Platte von beiden Seiten scharf anrösten.

Dann in den weniger heißen Randbereich legen und dort bis zu einer Kerntemperatur von ca. 54 °C ziehen lassen, dabei mehrfach wenden.

In der Zwischenzeit den Salat waschen und abtrocknen.

Tomaten und Gurken in dünne Scheiben schneiden.

Das Brot aufschneiden und die Schnittflächen dünn mit Mayonnaise bestreichen.

Die Schnittflächen auf der heißen Platte leicht anrösten und das Brot im Randbereich warmhalten.

Das fertige Steak in dünne Tranchen schneiden.

Die untere Hälfte des Brotes mit etwas Senf bestreichen, Salat, Käse und Tomaten darauf verteilen.

Steak und Gurkenscheiben auflegen und mit wenig Senf abschließen. Deckel auflegen und in Portionen schneiden.

TIPP

Geriebener Cheddar passt gut als zusätzliches Topping.“

STADIONWURST-PAPRIKA-TACO

4 PORTIONEN

8 Bratwürste
1 Zwiebel
2 Knoblauchzehen
400 g bunte Paprikaschoten
2 Chilischoten
2 EL Tomatenmark
Salz & Pfeffer, nach Belieben
½ TL Cumin
16 Tortillas à 10 cm Ø
Currysauce oder Curryketchup
Öl zum Braten

ZUBEREITUNG

Die Würstchen längs halbieren und dann in halbe Scheiben schneiden.

Zwiebel und Knoblauch schälen, Paprikaschoten und Chilischoten entkernen und die Zutaten in kleine Stücke schneiden.

Eine geeignete Pfanne (z. B. Gusseisen) im Grill erhitzen und die Wurst mit etwas Öl darin 5 Minuten lang anrösten.

Das geschnittene Gemüse dazugeben und für ca. 10 Minuten bei mittlerer Temperatur schmoren.

Tomatenmark dazugeben und mit Salz, Pfeffer und Cumin würzen.

Für weitere 5 Minuten garen.

Tortillas auf dem Grill leicht anrösten und dann die Wurst-Gemüsemasse darauf verteilen.

Currysauce darübergeben und heiß servieren.

„ICH HATTE ES IM ADRENALIN!“

KEVIN GROSSKREUTZ

03. HINRUNDE

Burger und Wurst in köstlichen Kombinationen

JUICY-LUCY-BURGER

4 PORTIONEN

800 g Rinderhackfleisch
200 g Cheddar
Salz & Pfeffer, nach Belieben
4 Burger Buns
16 Scheiben Bacon
Mayonnaise und Ketchup, nach Belieben

4 Blätter frischer Salat
4 Scheiben Tomate
Senf, nach Belieben
4 eingelegte Jalapeños, aus dem Glas
Ketchup, nach Belieben
100 g Röstzwiebeln

ZUBEREITUNG

Das Rinderhackfleisch in 8 Portionen aufteilen und zu gleich großen flachen, runden Scheiben formen.

Je 50 g Cheddar auf 4 der Scheiben legen, außen einen kleinen Rand frei lassen.

Dann die anderen 4 Scheiben auf den Käse legen und die Ränder gut verschließen.

4 gleichmäßig dicke Burger-Patties daraus formen und mit je vier Scheiben Bacon kreuzweise umwickeln.

Den Grill auf 200–250 °C vorheizen und die Patties über der direkten Hitze kräftig anrösten.

Nach ein paar Minuten wenden und die angeröstete Fläche mit Salz und Pfeffer würzen.

Nach ein paar Minuten die Patties im indirekten Bereich garen, bis die Kerntemperatur ca. 56 °C erreicht hat. Das dauert je nach Grill und Temperatur ca. 10–15 Minuten.

Die Buns aufschneiden und auf dem Grill kurz toasten.

Wenn die Patties gar sind, können die Burger „gebaut" werden.

Zuerst Mayonnaise auf die untere Hälfte geben, dann Salat – Tomate – Patty – Senf – Jalapeños – Ketchup – Röstzwiebeln und den Deckel drauf.

PIMENTO-CHEESE-BURGER

4 PORTIONEN

50 g Mayonnaise
100 g Frischkäse
Chilischoten, feingehackt
1 Bund Schnittlauch, feingehackt
Chipotle-Flakes
Pfeffer, nach Belieben
100 g Cheddar, gerieben
100 g Gruyère, gerieben

4 Burger-Patties
4 Burger Buns
Butter
Senf, nach Belieben
4 Blätter frischer Salat
4 Scheiben Tomate
Ketchup, nach Belieben
Gewürzgurken oder eingelegte Jalapeños (oder beides)

ZUBEREITUNG

Für den Pimento-Cheese zuerst die Mayonnaise, den Frischkäse, die Chilischoten, den Schnittlauch, ein paar Chipotle-Flakes und etwas Pfeffer gut miteinander vermischen, dann den Cheddar und den Gruyère vorsichtig unterrühren und kräftig abschmecken.

Die Patties auf dem heißen Grill von beiden Seiten scharf angrillen, dann in den indirekten Bereich legen, etwas Pimento-Cheese darüber verteilen und medium fertig garen.

Die Buns aufschneiden, die Innenseiten leicht buttern und kurz auf dem Grill anrösten.

Auf die untere Hälfte der Buns zuerst etwas Senf geben, dann den Salat und die Tomatenscheiben verteilen. Die Patties mit Pimento-Cheese auflegen, etwas Senf und Ketchup nach eigenem Gusto, dann die Pickles darübergeben und mit dem Deckel abschließen.

TRIPLE-CHEESEBURGER

4 PORTIONEN

- 12 Patties à 120 Gramm
- 12 Scheiben Cheddar
- 4 Burger Buns
- Butter
- Mayonnaise, nach Belieben
- frischer Salat, nach Wahl
- 1 Tomate, in Scheiben geschnitten
- Senf, nach Belieben
- Ketchup, nach Belieben
- Gewürzgurken oder eingelegte Jalapeños (oder beides)

ZUBEREITUNG

Den Grill auf ein direktes Grillen bei hoher Temperatur einrichten.

Die Patties von beiden Seiten je 2 Minuten scharf anrösten, nach dem Wenden jeweils eine Scheibe Cheddar auf die Patties legen und dann ein paar Minuten indirekt ziehen lassen bis der Käse geschmolzen ist.

Die Buns aufschneiden, die Schnittflächen leicht buttern und kurz im Grill anrösten.

Auf die unteren Hälften der Buns einen Klecks Mayonnaise, etwas Salat und jeweils eine Scheibe Tomate geben. Danach drei Patties mit Käse übereinander stapeln, etwas Senf und Ketchup, in Scheiben geschnittene Gewürzgurken, eingelegte Jalapeños oder beides darauflegen und abschließend den Deckel auflegen.

GLASIERTE STADIONWURST

4 PORTIONEN

8 Stadion-Bratwürste

2 Knoblauchzehen

1 Chilischote

1 EL Mayonnaise

6 EL grober Senf

1 TL geschroteter Pfeffer, z. B. „Tellicherry Pfeffer" von REWE Feine Welt

8 Brötchen

UTENSILIEN:
Holzspieße

ZUBEREITUNG

Die Bratwürste der Länge nach in 4 Streifen schneiden.

Jeweils die Streifen einer Wurst zu einer Schnecke zusammenrollen und mit Spießen fixieren.

Über direkter, mittlerer Hitze von beiden Seiten leicht anrösten.

Den Knoblauch schälen und die Chilischote entkernen. Beide Zutaten in kleine Stückchen schneiden und mit Mayonnaise, Senf und Pfeffer zu einer Creme vermengen.

Die Bratwurstschnecken von beiden Seiten damit bestreichen und über direkter Hitze 5–10 Minuten garen, dabei mehrmals wenden.

Im Brötchen mit etwas Senf servieren.

BRATWURSTSPIESSE

mit Zwiebeln und Bacon

4 PORTIONEN

4 Zwiebeln
200 ml Balsamicoessig
4 frische Bratwürste
8 Scheiben Bacon

UTENSILIEN:
Spieße

ZUBEREITUNG

Die Zwiebeln schälen und vierteln.

In eine Schüssel geben und mit dem Balsamicoessig übergießen.

Für 2 Stunden im Kühlschrank marinieren.

Die Würste in Stücke schneiden und abwechselnd mit den Zwiebelstücken auf die Spieße stecken, dabei den Bacon schlangenförmig um die Wurst und Zwiebel legen.

Über mittlerer, direkter Hitze für ca. 10 Minuten grillen und ordentlich anrösten.
Mit etwas Senf und Brot servieren.

TIPP

Wer möchte, kann die Würstchen kurz vor Schluss noch dünn mit etwas BBQ-Sauce bestreichen und dann zu Ende garen.

GEFÜLLTE BRATWURST

im Baconmantel

4 PORTIONEN

150 g Feta, z. B. „Feta Lesbos" von REWE Feine Welt

2 Lauchzwiebeln

1 Chilischote

2 EL Petersilie, feingehackt

4 frische, grobe Bratwürste

16 Scheiben Bacon

gestoßener schwarzer Pfeffer, z. B. „Tellicherry Pfeffer" von REWE Feine Welt

ZUBEREITUNG

Den Fetakäse in eine Schüssel reiben.

Lauchzwiebeln putzen, Chilischote entkernen, beide Zutaten in kleine Stücke schneiden und mit der gehackten Petersilie zum Fetakäse geben.

Mit etwas Pfeffer würzen und alles gut miteinander vermengen.

Die Würstchen von oben einschneiden, eine Tasche formen und mit der Fetamischung füllen.

Jeweils 4 Scheiben Bacon dicht nebeneinander auslegen, die gefüllte Wurst auflegen und damit umwickeln.

Den Grill auf ein indirektes Grillen bei ca. 220 °C vorbereiten.

Die Würstchen in den indirekten Bereich des Grills legen und ca. 10–15 Minuten garen, bis der Bacon knusprig geworden ist.

BRATWURST, BIER, BORUSSIA!

03+01 RÜCKRUNDE

Spare Ribs, Steak und Meer vom Feinsten

BV

GEPLANKTER LACHS

mit Orangensalsa

4 PORTIONEN

SALSA
400 g Ananas
1 grüne Paprikaschote
2 Chilischoten
2 Lauchzwiebeln
1 Knoblauchzehe
2 EL Olivenöl
Saft von 1 Limette
½ Bund Petersilie
Salz & Pfeffer, nach Belieben

LACHS
800 g Lachsfilet, ohne Haut
Fisch-Gewürzmischung, nach Belieben

UTENSILIEN:
Räucherplanke

ZUBEREITUNG

Für die Salsa von der Ananas 4 ca. 5 mm dicke Scheiben abschneiden. Den Rest schälen, entkernen und in kleine Stücke schneiden.

Paprika und Chili entkernen, Lauchzwiebeln putzen, den Knoblauch schälen und die Zutaten ebenfalls in kleine Stücke schneiden. Alles in eine Schale füllen und mit Olivenöl und Limettensaft vermischen. Die Petersilie klein hacken und dazugeben. Mit Salz und Pfeffer abschmecken.

Den Lachs in vier gleich große Portionen schneiden und mit der Fisch-Gewürzmischung würzen.

Grill auf ein direktes Grillen bei ca. 180 °C einrichten. Eine Seite der Räucherplanke auf dem Grill für ein paar Minuten anrösten (spätere Oberseite).

Vom Grill nehmen und die Ananasscheiben auf die angeröstete Seite legen. Die Fischfilets darauf verteilen.

Räucherplanke über der direkten Hitze platzieren und den Deckel des Grills schließen.

Das Holz fängt an zu schwelen und der Fisch wird so heiß geräuchert. Wenn das Eiweiß beginnt, aus dem Fisch auszutreten, ist der Fisch gar und verzehrbereit. Je nach Grill, Hitze und Dicke der Filets dauert das zwischen 15 und 25 Minuten.

Fisch von der Planke nehmen und mit der Salsa servieren.

TIPP

Zum Anrichten das Fleisch in Tranchen schneiden und mit einem frischen Salat (mit „Mango-Minz-Sauce" von REWE Feine Welt gewürzt) und Brot servieren.

RUMPSTEAK

mit Parmesankruste

4 PORTIONEN

- 100 g Cheddar, gerieben
- 100 g Frischkäse
- 1 Chilischote
- 1 rote Spitzpaprika
- 2 Lauchzwiebeln
- Salz & Pfeffer, nach Belieben
- 2 Rumpsteaks à 500 g
- 50 g Panko (Paniermehl)
- 100 g Parmesan, gerieben, z. B. „Parmigiano Reggiano" von REWE Feine Welt

ZUBEREITUNG

Grill auf ein direktes Grillen bei höchster Temperatur einrichten.

Cheddar und Frischkäse in eine Schüssel geben.

Chilischote und Paprika entkernen, Lauchzwiebeln putzen und die drei Zutaten in kleine Stückchen schneiden und hinzufügen. Alles gut miteinander vermischen und mit Salz und Pfeffer kräftig abschmecken.

Die Steaks von beiden Seiten über der direkten Hitze scharf anrösten. Steaks wieder vom Grill nehmen und den Grill auf ein indirektes Garen bei niedriger Temperatur (120–150 °C) runterregeln.

Die Käsecreme auf die Oberseite der beiden Steaks verteilen. Etwas Panko darüber verteilen und den Parmesan darüber reiben.

Dann die Steaks in den indirekten Bereich des Grills legen und dort bis zu einer Kerntemperatur von ca. 55–57 °C ziehen lassen.

Eine genaue Zeitangabe ist hier schwierig. Ein Einstechthermometer tut hier gute Dienste, und sollte eh zur Standardausrüstung jedes Grillers gehören.

Die Steaks vor dem Servieren ca. 5 Minuten ruhen lassen.

COWBOY-STEAK

mit glasierter Grill-Kartoffel

4 PORTIONEN

4 Cowboy-Steaks (Rib Eye Steaks Bone-in)

1 kg Drillinge mit Schale, am Vortag vorgekocht und abgekühlt

50 ml Mayonnaise

2 Knoblauchzehen, feingehackt

2 Chilischoten, in feine Ringe geschnitten

2 Lauchzwiebeln, in feine Ringe geschnitten

3 EL BBQ-Rub für Rind (siehe S. 11)

ZUBEREITUNG

Die Steaks auf dem heißen Grill von beiden Seiten scharf anrösten und dann im indirekten Bereich des Grills bis zum gewünschten Gargrad nachziehen.

Die Mayonnaise mit dem Knoblauch, den Chilis und den Lauchzwiebeln vermischen. Die Kartoffeln damit rundherum marinieren.

Die Drillinge anschließend bei 180 °C indirekt im Grill platzieren (der Ablagerost z. B. eignet sich hervorragend dafür) und mit dem Rub würzen.

15–20 Minuten garen und mit dem Steak servieren. Dazu passt ein frischer Salat.

TIPP

Wer die Möglichkeit hat, sollte hier unbedingt Dry Aged Schweinefleisch probieren, es ist deutlich geschmackvoller und saftiger, allerdings auch etwas teurer.

DOPPELTES BERGMANN-KOTELETT

auf schwarz-gelben Bohnen

4 PORTIONEN

400 g schwarze Bohnen, aus der Dose

400 g Mais, aus der Dose

1 Lauchzwiebel

1 Chilischote

50 ml Olivenöl

Saft von 1 Limette

Salz & Pfeffer, nach Belieben

4 doppelte Schweine-Koteletts, mit Knochen

ZUBEREITUNG

Bohnen und Mais in ein Sieb geben und mit klarem Wasser abspülen.

Lauchzwiebel putzen und Chilischote entkernen. Beide Zutaten in kleine Stücke schneiden und mit Mais und Bohnen in einer Schüssel vermengen.

Olivenöl hinzufügen und mit Limettensaft, Salz und Pfeffer abschmecken.

Koteletts von allen Seiten mit Salz und Pfeffer würzen und indirekt im Grill platzieren.

Bei ca. 120 °C bis Kerntemperatur 56 °C garen, das dauert je nach Dicke und Ausgangstemperatur locker eine Stunde.

Vom Grill nehmen und 10 Minuten an einem warmen Ort ruhen lassen.

In der Zwischenzeit den Grill auf ein direktes Grillen bei höchster Temperatur einregeln.

Das Kotelett jetzt scharf angrillen und mit den Bohnen servieren.

Salz und Pfeffer zum Nachwürzen bereitstellen.

BVB
09

PARTY RIBS

4 PORTIONEN

2 Lagen St. Louise Cut Ribs vom Schwein

körniger Senf, nach Belieben

Cajun-Rub (siehe S. 11)

250 ml BBQ-Sauce

100 ml Mangosaft

UTENSILIEN:

Sprühflasche

ZUBEREITUNG

Den Grill auf ein indirektes Grillen bei ca. 160 °C vorbereiten.

Vor dem Auflegen der Ribs etwas Räucherholz, z. B. Apfelholz, in die Glut legen.

Sprühflasche mit Wasser bereithalten.

Die Ribs von der Silberhaut befreien und in einzelne Rippen schneiden. Dünn mit dem körnigen Senf bestreichen.

Von allen Seiten mit dem Cajun-Rub würzen und im indirekten Bereich des Grills platzieren.

Für ca. 2 Stunden garen, dabei mehrfach drehen und wenden.

Zwischendurch mit einer Sprühflasche leicht mit Wasser besprühen, um eine gleichmäßigere Garung zu erzielen.

Die BBQ-Sauce mit dem Mangosaft vermischen und die gegarten Ribs damit bestreichen oder eintunken. Die Ribs für weitere 10 Minuten zurück auf den Rost legen. Vom Grill nehmen und mit etwas zusätzlicher Sauce servieren.

KOREAN STYLE BEEF RIBS

4 PORTIONEN

4 Lauchzwiebeln
3 Knoblauchzehen
250 ml Sojasauce
50 ml Reisessig
20 ml Sesamöl vom gerösteten Sesam
50 g brauner Zucker
1 TL gestoßener schwarzer Pfeffer
ca. 1,5 kg Korean Style Beef Ribs (Galbi-Ribs)

ZUBEREITUNG

Lauchzwiebeln putzen und Knoblauch schälen. Beide Zutaten fein hacken und in einen verschließbaren Beutel geben.

Alle anderen Zutaten und die Ribs dazugeben und gut miteinander vermengen. Für ca. 12 Stunden oder einfach über Nacht im Kühlschrank marinieren.

Den Grill auf ein direktes Grillen bei ca. 200 °C einregeln.

Die Ribs aus der Marinade nehmen und auf einem Gitter abtropfen lassen, die restliche Marinade in einem Topf auffangen.

Die Marinade im Topf aufkochen und leicht einkochen, bis sie etwas dicker geworden ist.

Die Ribs auf dem Grill anrösten und dabei mehrfach wenden. Ca. 10–12 Minuten grillen, dann mit der Marinade bestreichen und damit glasieren.

Nach weiteren 2–3 Minuten sind die Ribs fertig und können mit der restlichen Sauce serviert werden.

NUR DER BVB!

05. ALLES IN 09 MINUTEN

Garantiert in einer Halbzeitpause fertig

BORUSSIA DORTMUND
BVB

GLASIERTE CHORIZOSPIESSE

4 PORTIONEN

1 Ananas

600 g Chorizo

50 ml Rübenkraut

3 EL Petersilie, gehackt

2 Chilischoten

UTENSILIEN:

Holzspieße

ZUBEREITUNG

Ananas schälen und zusammen mit der Chorizo in ca. 3 cm große Stücke schneiden. Abwechselnd auf Spieße verteilen.

Den Grill auf ca. 180 °C vorheizen und die Spieße über der direkten Hitze für 6–8 Minuten grillen, dabei mehrfach wenden.

Danach in den indirekten Bereich legen und mit Rübenkraut bestreichen und so glasieren.

Für weitere 3 Minuten im indirekten Bereich ziehen lassen.

Auf einer Platte anrichten und mit gehackter Petersilie und Chili garnieren.

GEFÜLLTE JALAPEÑOS

4 PORTIONEN

8 große Jalapeños
200 g Frischkäse
200 g geriebener Cheddar
50 ml Mayonnaise
2 Chilischoten
1 TL gestoßener Pfeffer, z. B. „Tellicherry Pfeffer" von REWE Feine Welt
8 Scheiben Bacon
Sweet-Chili-Sauce zum Dippen

UTENSILIEN:
Cruster

ZUBEREITUNG

Die Jalapeños längs halbieren und von den Kernen befreien.

Frischkäse, Cheddar und Mayo in eine Schüssel geben.

Chilischote entkernen, fein hacken und dazugeben. Mit Pfeffer würzen und alles gut miteinander vermengen. Mit der Masse gleichmäßig die Jalapeños befüllen.

Jeweils eine Scheibe Bacon um die gefüllten Jalapeños wickeln.

Den Grill auf ein direktes Grillen bei ca. 180 °C vorbereiten, zusätzlich den Cruster vorheizen und flach neigen.

Die Jalapeños unter den Cruster platzieren und kurz und knackig grillen, bis der Bacon leicht knusprig geworden ist.

Nach ein paar Minuten sollten die Schoten weich und der Bacon knusprig sein.

Heiß servieren und mit etwas Sweet-Chili-Sauce zum Dippen genießen.

CHILI-CHEESE-SANDWICH

4 PORTIONEN

150 g Frischkäse

150 g geriebener Cheddar

2 scharfe Chilischoten

1 TL gestoßener Pfeffer, z. B. „Tellicherry Pfeffer" von REWE Feine Welt

8 Scheiben Weißbrot oder Toast

50 ml Mayonnaise

100 g geriebener Parmesan, z. B. „Parmigiano Reggiano" von REWE Feine Welt

ZUBEREITUNG

Frischkäse und Cheddar in eine Schüssel geben.

Chilischote entkernen, kleinschneiden und dazugeben, mit dem Pfeffer würzen und alles gut miteinander vermengen.

4 Scheiben Brot gleichmäßig mit der Masse bestreichen, mit den anderen Brotscheiben abdecken und leicht andrücken.

Die Sandwiches von außen dünn mit der Mayo bestreichen und mit dem Parmesan bestreuen.

Den Grill auf ein direktes Grillen bei ca. 180 °C vorbereiten.

Die Sandwiches von beiden Seiten anrösten und 6–8 Minuten grillen, dabei mehrfach wenden.

ASIATISCHE SATÉ-SPIESSE

mit Erdnusssauce

4 PORTIONEN

800 g Putenbrust

3 EL Asia-Rub (siehe S. 11)

300 ml Erdnusssauce (siehe rechte Spalte)

Frühlingszwiebeln

UTENSILIEN:

Spieße

ZUBEREITUNG

Das Fleisch in gleich große Stücke schneiden.

Mit der Gewürzmischung vermengen und für ca. eine Stunde im Kühlschrank marinieren.

Das Fleisch auf die Spieße stecken und über direkter, hoher Hitze für ca. 5–8 Minuten von allen Seiten stark anrösten und garen.

Mit Frühlingszwiebeln garnieren und der Erdnusssauce servieren.

ERDNUSSSAUCE

100 g Erdnussbutter

100 ml Kokosmilch

200 ml Gemüsefond

1 Chilischote

1 TL Sesamöl von geröstetem Sesam

Limettensaft

Salz & Pfeffer, nach Belieben

ZUBEREITUNG

Erdnussbutter, Kokosmilch und Fond in einen Topf geben und kurz aufkochen lassen.

Die Chilischote putzen, klein schneiden und mit in den Topf geben.

5 Minuten köcheln lassen und dann mit Sesamöl, Limettensaft, Salz und Pfeffer abschmecken.

Schmeckt kalt und warm.

TORTILLA-PIZZA

4 PORTIONEN

2 Knoblauchzehen
4 Lauchzwiebeln
½ Bund Basilikum
200 ml passierte Tomaten
Salz & Pfeffer, nach Belieben
1 rote Spitzpaprika
1 Chilischote
2 Tortillas á 30 cm Ø

4 Scheiben Parmaschinken
8 Scheiben Salami, z. B. „Salame Felino" von REWE Feine Welt
2 Büffel-Mozzarella à 150 g
50 g Parmesan, z. B. „Parmigiano Reggiano" von REWE Feine Welt

UTENSILIEN:
Cruster

ZUBEREITUNG

Knoblauch schälen, Lauchzwiebeln putzen, Chilischote und Spitzpaprika entkernen. Die Zutaten und das Basilikum in feine Streifen schneiden und in eine Schüssel geben.

Die passierten Tomaten dazugeben, mit Salz und Pfeffer würzen und alles miteinander vermengen.

Mischung gleichmäßig auf die Tortillas geben.

Schinken und Salami in Stücke reißen und darüber verteilen.

Mozzarella in kleine Stücke zupfen und gleichmäßig auflegen.

Den Parmesan darüber reiben.

Den Grill auf ein direktes Grillen bei ca. 200 °C einregeln und zusätzlich den Cruster vorheizen.

Die Pizzen auf dem Rost platzieren und den Cruster darüber flach neigen.

Nach ein paar Minuten die Pizza drehen, um eine gleichmäßige Röstung zu erzielen.

Nach wenigen Minuten sollte die Pizza fertig sein und kann in Stücke geschnitten und serviert werden.

RUHRPOTT-SALTIMBOCCA

4 PORTIONEN

8 dünn geschnittene Schweineschnitzel

Salz & Pfeffer, nach Belieben

8 Scheiben Kochschinken

8 Scheiben mittelalter Gouda

100 g Paniermehl

50 g geriebener Parmesan

UTENSILIEN:

Zahnstocher

ZUBEREITUNG

Die Schnitzel dünn ausklopfen und leicht mit Salz und Pfeffer würzen.

Kochschinken und Gouda auflegen und die Schnitzel in der Mitte zusammenfalten.

Mit einem Zahnstocher fixieren und auf dem Grill kurz von beiden Seiten kräftig über direkter, hoher Hitze anrösten und dann in den Indirekten Bereich des Grills legen.

Etwas Paniermehl und Parmesan über die Saltimbocca streuen und für 3 Minuten gratinieren.

GRAU IST IM LEBEN ALLE THEORIE, ABER ENTSCHEIDEND IST AUF'M PLATZ!

ADI PREISSLER

06. CHAMPIONS LEAGUE

Europäische Klassiker auf dem Grill

TIPP

Die Spieße mit gegrillten Paprikaschoten und Tsatsiki (s. Rezept S. 14) servieren.

GREEK STYLE SCHASCHLIK

mit Spitzpaprika

4 PORTIONEN

800 g Schweinenacken

100 g Joghurt, 10 % Fettgehalt

50 g Gyros-Rub (siehe S. 11)

1 EL getrockneter Thymian

2 Knoblauchzehen

2 Chilischoten

UTENSILIEN:

Spieße

ZUBEREITUNG

Schweinenacken in gleich große Würfel schneiden und in eine Schüssel geben.

Joghurt, Gewürzmischung und Thymian hinzufügen.

Knoblauch schälen, Chilischoten entkernen, beide Zutaten fein schneiden und zum Fleisch geben. Alles gut miteinander vermengen und für mindestens 4 Stunden, gerne auch länger, im Kühlschrank marinieren.

Das Fleisch mit der anhaftenden Marinade auf geeignete Spieße stecken, flache Edelstahlspieße sind hier die perfekte Wahl.

Den Grill auf ca. 220 °C vorheizen und die Spieße über der direkten Hitze von allen Seiten kräftig anrösten.

Dann in den indirekten Bereich legen und für weitere 10 Minuten garen.

Vor dem Servieren die Spieße nochmal kurz über direkter Hitze grillen, um noch mehr Röstaromen zu bekommen.

TIPP

Mit Ketchup, Ciabatta, z. B. dem Ciabatta Urwaldpfeffer von REWE Feine Welt und grünen Oliven z. B. von REWE Feine Welt „Nocellara" servieren.

SCHARFE LAMMHACKSPIESSE

4-6 PORTIONEN

1 Zwiebel
2 Knoblauchzehen
2 Chilischoten
1 kg Hackfleisch vom Lamm oder Rind
18 g Salz, z. B. „Persiens Edelsteine Steinsalz" von REWE Feine Welt
4 g Pfeffer, z. B. „Tellicherry Pfeffer" von REWE Feine Welt
1 Prise Cumin
1 EL Paprika, scharf

ZUBEREITUNG

Zwiebel und Knoblauch schälen, Chilischoten entkernen und die drei Zutaten in kleine Stücke schneiden.

Hackfleisch mit Zwiebel, Knoblauch, Chili und den Gewürzen in eine Schüssel geben und gut miteinander vermengen.

Die Masse mindestens 5 Minuten lang kneten, um eine gute Bindung zu erhalten.

Für mindestens 2 Stunden abgedeckt im Kühlschrank ruhen lassen.

Das Hackfleisch auf Spieße stecken und zu einer gleichmäßig dicken Rolle formen.

Mindestens 2 Stunden abgedeckt im Kühlschrank ziehen lassen.

Den Grill auf ein direktes Grillen bei ca. 200 °C vorbereiten.

Die Spieße über der direkten Hitze von allen Seiten anrösten und garen.

Nach 8–10 Minuten sollten die Spieße fertig sein, außen schön angeröstet und innen saftig.

MINIROULADEN

mit Fetafüllung

4 PORTIONEN

12 Minutenschnitzel vom Schwein

24 Scheiben Bacon

1 rote Paprikaschote

200 g Feta

BBQ-Rub für Schwein (siehe S. 11)

UTENSILIEN:

Spieße

ZUBEREITUNG

Feta und Paprikaschote in 12 gleichmäßige Stücke schneiden.

Die Minutenschnitzel sehr flach und breit klopfen.

Die Schnitzel mit etwas Rub würzen und jeweils ein Stück Feta und Paprika auflegen.

Die Schnitzel wie eine Roulade aufrollen und kreuzweise mit je 2 Scheiben Bacon umwickeln, dann auf die Spieße stecken.

Die Rouladen von außen mit etwas Rub würzen und 15 Minuten ruhen lassen.

Über direkter, mittlerer Hitze von allen Seiten anrösten und ca. 15 Minuten garen.

Mit etwas Brot servieren

TIPP

Mit einem frischen Salat und leckeren Oliven servieren.

GEMÜSE-BACON-INVOLTINI

4 PORTIONEN

2 Zucchini
2 Auberginen
1 Knoblauchzehe
1 Chilischote
50 g Pinienkerne
½ Bund frische Kräuter, z. B. Basilikum, Petersilie, Dill oder Koriander
200 g Frischkäse
100 g Feta, z. B. „Feta Lesbos" von REWE Feine Welt
Salz & Pfeffer, nach Belieben
12–16 Scheiben Bacon (je nach Dicke der Zucchini und Auberginen)
Olivenöl zum Bestreichen

UTENSILIEN:
Spieße

ZUBEREITUNG

Die Zucchini und Auberginen längs in ca. 5 mm dicke Scheiben schneiden

Scheiben dünn mit Olivenöl bestreichen und auf dem Grill kurz von beiden Seiten anrösten, aber nicht komplett garen, die Scheiben müssen nur biegbar und flexibel werden.

Knoblauchzehe schälen, Chilischote entkernen, beide Zutaten mit Pinienkernen und Kräutern fein hacken. Die Zutaten mit dem Frischkäse und zerkrümelten Feta zu einer Creme vermengen, mit Salz und Pfeffer abschmecken.

Die Zucchinischeiben auslegen, jeweils eine Scheibe Aubergine auflegen und mit 1 EL der Creme bestreichen.

Aufrollen, jeweils mit einer Scheibe Bacon umwickeln und auf Spieße stecken.

Den Grill auf ein direktes Grillen bei ca. 200 °C vorbereiten.

Die Involtini von allen Seiten anrösten und ca. 10 Minuten grillen, bis der Bacon knusprig ist.

TIPP

Chimichurri hält sich im Kühlschrank mindestens 1 Woche.

CHORIPAN / CHORIZO

4 PORTIONEN

CHIMICHURRI

1 kleine rote Zwiebel
2 Knoblauchzehen
1 milde Chilischote
1 Bund Petersilie
1 EL Oregano, getrocknet
1 EL Thymian, getrocknet
1 TL Chiliflocken
100 ml Olivenöl
20 ml Weißweinessig
1 Lorbeerblatt
Salz & Pfeffer, nach Belieben
Saft von 1 Limette

TOMATEN-PAPRIKA-SALSA

1 rote Spitzpaprika
1 Chilischote
1 Tomate
1 Handvoll Petersilienblätter
1 Handvoll Korianderblätter
1 Knoblauchzehe
4 EL Olivenöl
Saft von 1 Limette
Salz & Pfeffer, nach Belieben

CHORIPAN

4 frische Bratwürste, alternativ Chorizo
Cajun-Rub (siehe S. 11)
4 weiche Brötchen

ZUBEREITUNG

Für die Chimichurri die Zwiebel und den Knoblauch schälen, Chili entkernen, die drei Zutaten mit der Petersilie sehr fein hacken und mit den anderen Zutaten vermengen. Mit Salz, Pfeffer und Limettensaft abschmecken. Vor dem Verzehr mindestens 1 Stunde ziehen lassen.

Für die Salsa Paprika und Chilischote entkernen und mit der Tomate in feine Würfel schneiden. Die Zutaten in eine Schüssel geben. Die Kräuter hacken, den Knoblauch schälen und reiben und alles zum Gemüse dazugeben. Olivenöl hinzufügen und mit Limettensaft, Salz und Pfeffer abschmecken. Etwas ziehen lassen und vor dem Servieren nochmals abschmecken.

Die Würste mit einem Schmetterlingsschnitt längs aufschneiden und nach Belieben mit etwas Cajun-Rub nachwürzen.

Auf dem Grill über direkter, hoher Hitze scharf anrösten und fertig garen.

Brötchen aufschneiden und ebenfalls leicht anrösten.

Die heiße Wurst auf das Brötchen geben und mit etwas Salsa oder Chimichurri verfeinern.

TIPP

Brot vom Vortag eignet sich perfekt für dieses Gericht.

GEGRILLTE BRUSCHETTA

2-3 PORTIONEN

1 Ciabatta
1 gelbe Paprikaschote
2 Lauchzwiebeln
2 große Tomaten (Ochsenherzen eignen sich perfekt)
2 Knoblauchzehen
1 Bund Basilikum
30 ml Olivenöl
Salz & Pfeffer, nach Belieben
1 Kugel Mozzarella
Balsamicoessig
1 Chilischote

ZUBEREITUNG

Die Paprika und die Lauchzwiebeln putzen und auf dem Grill von allen Seiten kräftig anrösten. Anschließend vom Grill nehmen und abkühlen lassen.

Die Tomaten, die Paprika und Lauchzwiebeln in kleine Stücke schneiden.

Die Knoblauchzehen schälen und fein hacken.

Nun alles in eine Schüssel geben und ½ Bund kleingehacktes Basilikum und 30 ml Olivenöl hinzufügen.

Den Schüsselinhalt gut miteinander vermengen und mit Salz und Pfeffer abschmecken.

Das Ciabatta schräg in 8 ca. 2 cm dicke Scheiben schneiden und die Gemüsemischung darauf geben.

Die Scheiben anschließend bei ca. 200 °C für 5 Minuten indirekt grillen, bis das Brot kross ist.

Vom Grill nehmen und auf einer Platte anrichten.

Zuletzt den Mozzarella in Stücke reißen, auf die Scheiben verteilen und etwas Balsamicoessig darüber geben. Mit ein wenig frischem Basilikum und der in Ringe geschnittenen Chili garnieren.

WO DIE LUFT BRENNT UND DER RASEN BEBT, DA IST DAS HERZ DES BVB.

07. DER POKAL HAT SEINE EIGENEN GESETZE

Vegetarische Crossover-Spezialitäten

TIPP

Die Käsemischung ist normalerweise salzig genug, deshalb ist kein weiteres Salz zum Würzen notwendig.

CHAMPIGNONS

mit Chili-Käse-Haube

3 PORTIONEN

12 mittelgroße Champignons
2 Chilischoten nach Wahl (z. B. Jalapeños oder Habaneros)
2 Knoblauchzehen
1 rote Zwiebel
etwas Petersilie
100 g Frischkäse
200 g Cheddar, gerieben
100 g Pecorino, gerieben
grober Pfeffer, nach Belieben

ZUBEREITUNG

Die Champignons mit einem Pinsel oder Küchenkrepp putzen und den Strunk entfernen.

Die Chilischoten, den Knoblauch, die Zwiebel, die Petersilie fein hacken und die ausgelösten Strünke putzen und in kleine Stücke schneiden.

Den Frischkäse, den Cheddar und die Hälfte des Pecorinos in eine Schüssel geben. Das geschnittene Gemüse hinzufügen und mit Pfeffer würzen. Alles gut vermengen und abschmecken.

Jetzt die Käsemischung in die ausgehölten Champignons geben und den restlichen Pecorino darüber verteilen.

Den Grill auf 220 °C vorheizen und die Champignons im indirekten Bereich für ca. 10–15 Minuten grillen.

Vom Grill nehmen und vor dem Servieren 3 Minuten ruhen lassen, da der Käse wirklich sehr heiß ist.

BVB
09

GEFÜLLTE PAPRIKASCHOTEN

4 PORTIONEN

400 g schwarze Bohnen, aus der Dose
2 Knoblauchzehen
1 Chilischote
1 Lauchzwiebel
½ Bund frische Kräuter, z. B. Petersilie, Oregano und/oder Basilikum
100 g Fetakäse
50 g Cashewkerne, gehackt
Salz & Pfeffer, nach Belieben
4 gelbe Paprikaschoten
8 EL Olivenöl

ZUBEREITUNG

Bohnen abtropfen, abspülen und in eine Schüssel füllen.

Knoblauch schälen, Chili entkernen, Lauchzwiebel putzen und die drei Zutaten mit den Kräutern fein schneiden oder hacken. Zu den Bohnen geben.

Fetakäse mit den Fingern zerkrümeln und dazugeben, ebenso die Cashewkerne.

Alles gut miteinander vermengen und mit Salz und Pfeffer würzig abschmecken.

Die Paprikaschoten längs halbieren und entkernen, dabei den Stielansatz in der Frucht belassen, das hält die Paprika etwas stabiler und sieht auch noch besser aus.

Die Füllung auf die Paprikahälften verteilen und jeweils 1 EL Olivenöl darüber geben.

Den Grill auf ca. 180 °C einregeln und die Paprikaschoten im indirekten Bereich für 15–20 Minuten garen.

TIPP

Funktioniert auch gut mit rohen Maiskolben, allerdings ist die Garzeit dann wesentlich länger.

MEXICAN STREETCORN

2 PORTIONEN

4 vorgekochte Maiskolben

1 Chilischote

2 Lauchzwiebeln

1 Bund Koriander

100 ml Mayonnaise

1 EL Hot Sauce

1 EL Cajun-Rub (siehe S. 11)

50 g Pecorino

ZUBEREITUNG

Den Grill auf 160–180 °C direkte Hitze vorbereiten.

Nun die entkernte Chilischote, die Lauchzwiebeln und den Koriander fein hacken.

Die Maiskolben im direkten Bereich von allen Seiten ca. 10 Minuten anrösten.

Die Mayonnaise mit der Hot Sauce und dem Cajun-Rub vermischen.

Nach dem Angrillen die Maiskolben von allen Seiten mit der Mayonnaise-Mischung bepinseln und in den indirekten Bereich legen.

Den Pecorino darüber reiben und für weitere 5 Minuten grillen.

Zum Anrichten auf eine Platte legen und mit etwas Chili, Koriander und Lauchzwiebeln bestreuen.

SNACK-TORTILLA

8 TORTILAS

4 Knoblauchzehen

8 EL Schmand

1 Bund Lauchzwiebeln

2 Chilischoten

gestoßener schwarzer Pfeffer, nach Belieben, z. B. „Tellicherry Pfeffer" von REWE Feine Welt

8 Tortillas à 12 cm Ø

200 g Feta, z. B. „Feta Lesbos" von REWE Feine Welt

80 g schwarze Oliven ohne Stein, z. B. „Kalamata Oliven" von REWE Feine Welt

100 g Mais, abgetropft, aus der Dose

100 g Parmesan, z. B. „Parmigiano Reggiano" von REWE Feine Welt

UTENSILIEN:

Spieße

ZUBEREITUNG

Den Knoblauch schälen und mit einer feinen Reibe in eine Schüssel mit dem Schmand reiben.

Lauchzwiebeln putzen und Chili entkernen. Beide Zutaten in feine Ringe schneiden und dazugeben. Mit etwas Pfeffer würzen und alles miteinander vermischen.

Die Mischung gleichmäßig auf die Tortillas streichen.

Feta zerkrümeln und über die Tortillas verteilen.

Die Oliven in Ringe schneiden und darüber geben, ebenso den Mais.

Den Parmesan darüber reiben.

Den Grill auf ca. 180 °C einregeln und die Tortillas über direkter Hitze für ca. 5 Minuten grillen.

Dabei aufpassen, dass die Ränder knusprig werden, aber nicht verbrennen.

Die Tortillas kurz auf einem Rost abkühlen lassen, dann werden sie richtig knusprig.

Schmecken warm und kalt, als Snack, Appetizer oder Beilage.

BLUMENKOHLSTEAKS

4 PORTIONEN

2 Blumenkohle

6 EL Mayonnaise

1 EL Hot Sauce (Tabasco o. ä.)

2 EL Olivenöl

Salz & Pfeffer, nach Belieben

ZUBEREITUNG

Den Blumenkohl von Blättern befreien und mittig durch den Strunk mit einem Messer teilen und so halbieren.

Jetzt nochmal am Strunk vorbei schneiden, so dass man eine schöne Scheibe (die Steaks) und die Abschnitte hat.

Aus den Abschnitten kann man gut Spieße oder eine Suppe machen.

Die übrigen Zutaten zu einer Marinade vermischen und mit Salz und Pfeffer kräftig abschmecken.

Die Blumenkohlsteaks von beiden Seiten mit der Marinade bestreichen und für ca. 1 Stunde ziehen lassen.

Auf dem Grill über direkter, mittlerer Hitze von beiden Seiten anrösten und garen. Dabei nicht zu oft wenden, damit der Blumenkohl nicht zerbricht.

Wenn die Steaks gar und weich sind, können sie z. B. mit etwas Kräuterbutter und Baguette serviert werden, eine Sauce Hollandaise passt natürlich auch perfekt dazu.

TIPP

Dazu passt z. B. ein erfrischender Tomatensalat sehr gut.

GRATINIERTER CHINAKOHL

4 PORTIONEN

- 2 kleine Köpfe Chinakohl
- 2 Lauchzwiebeln
- 1 rote Paprikaschote
- 1 Chilischote
- 100 ml Mayo
- 100 g Feta, gerieben, z. B. „Feta Lesbos" von REWE Feine Welt
- ½ Bund Petersilie
- ½ Bund Basilikum
- Salz & Pfeffer, nach Belieben
- 50 g Mandelblätter
- 100 g Pecorino
- 2 EL Olivenöl

ZUBEREITUNG

Den Chinakohl putzen und längs halbieren, den Strunk nicht entfernen.

Lauchzwiebeln putzen, Paprikaschote und Chilischote entkernen. Die drei Zutaten fein schneiden und mit der Mayo, Olivenöl und dem geriebenen Feta in eine Schüssel geben.

Kräuter fein hacken, dazugeben und mit Salz und Pfeffer würzen.

Mandelblätter hinzufügen und alles gut miteinander vermengen.

Die Schnittflächen des Kohls auf dem Grill über direkter Hitze ein paar Minuten anrösten, dann den Grill auf ein indirektes Garen bei ca. 220 °C einregeln.

Gemüsemischung gleichmäßig auf die angerösteten Schnittflächen verteilen und den Pecorino darüber reiben.

In den indirekten Bereich des Grills legen und 20–25 Minuten garen und überbacken.

ER MUSS JA NICHT UNBEDINGT DAHIN LAUFEN, WO ICH HINGRÄTSCHE.

NEVEN SUBOTIC

08. K.O.-PHASE

Heiße Desserts vom Grill

FLAMBIERTE ANANAS

4 PORTIONEN

1 Ananas

50 g brauner Zucker

1 Prise Chilipulver

400 g Blaubeeren

1 EL Zucker

Rum zum Flambieren

50 g Cantuccini, z. B. „Cantuccini Toscani IGP alle Mandorle“ von REWE Feine Welt

50 g Pistazien, gehackt

UTENSILIEN:

Spieße

ZUBEREITUNG

Ananas schälen, längs in 4 Stücke schneiden und den Strunk entfernen.

Braunen Zucker, Chilipulver und Limettensaft mischen und gleichmäßig auf die Ananasstücke geben.

Auf dem Grill über direkter, mittlerer Hitze 5–10 Minuten anrösten und garen.

300 g Blaubeeren und Zucker in einem Mixer zu einer Sauce pürieren und die restlichen Beeren hinzufügen.

Die gegrillte Ananas vorsichtig mit etwas Rum flambieren, Vorsicht sollte hier oberstes Gebot sein.

Die Blaubeersauce als Spiegel auf die Teller verteilen und die gegrillte Ananas auflegen.

Etwas Eis dazulegen und mit den gehackten Pistazien dekorieren.

Borussia

APPLE CANDY BACON

4 PORTIONEN

4 Äpfel, z. B. Elstar oder Pink Lady

1 Msp. Zimt

100 g brauner Zucker

16 Scheiben Bacon

100 g Aprikosenmarmelade

UTENSILIEN:

Spieße

ZUBEREITUNG

Die Äpfel schälen, entkernen und vierteln.

Mit Zimt und Zucker in einer Schüssel vermischen und 15 Minuten ziehen lassen.

Dann die einzelnen Viertel mit je einer Scheibe Bacon umwickeln und immer vier Stück auf einen Spieß stecken

Über direkter, hoher Hitze von beiden Seiten anrösten und garen.

Vor dem Servieren die Spieße noch mit etwas Marmelade bestreichen und kurz auf dem Grill karamellisieren.

TIPP

Dazu passt eine Kugel Eis, z. B. „Vanille-Eiscreme oder Haselnuss-Eiscreme" von REWE Feine Welt.

OBSTCRUMBLE

4 PORTIONEN

OBST

600 g Birnen

400 g Brombeeren

50 g brauner Zucker

Schale und Saft von einer Limette

1 kleine Prise Salz

400 g Vanille-Pudding oder Vanille-Vla

CRUMBLE

100 g Mehl

100 g Butter

100 Zucker

100 g Mandelblätter

UTENSILIEN:

Mixer, für den Grill geeignete Auflaufform

ZUBEREITUNG

Brombeeren mit dem Zucker in einen Mixer geben und zu einer Sauce pürieren, bis zum Servieren beiseitestellen.

Birnen schälen und entkernen und in kleine Stücke schneiden.

Schale und Saft der Limette hinzufügen, außerdem noch eine kleine Prise Salz.

Alles gut miteinander vermischen und in eine geeignete Auflaufform geben.

Für den Crumble aus Mehl, Butter, Zucker und Mandeln einen Teig mischen und zu Streuseln verarbeiten.

Die Streusel locker über dem Obst verteilen, nicht andrücken, sondern einfach darüber rieseln lassen.

Den Grill auf ein indirektes Grillen bei ca. 200 °C einregeln.

Die Auflaufform im indirekten Bereich des Grills platzieren.

Der Crumble ist fertig, wenn das Obst noch leicht Biss hat und die Streusel schön gebräunt sind.

In einer Schale portionsweise anrichten und etwas Vanille-Pudding oder Vanille-Vla dazugeben. Die Brombeersauce über dem Crumble verteilen und servieren.

SWEET BURRITO

2-4 PORTIONEN

4 Tortillas à 30 cm Ø

8 EL Erdnussbutter

4 Bananen

200 g Marshmallows

100 g Schokostreusel

ZUBEREITUNG

Tortillas mit der Erdnussbutter bestreichen.

Banane schälen und auflegen.

Marshmallows und Schokostreusel darüber verteilen.

Tortillas aufrollen, dabei die Seiten einklappen.

Bei niedriger Temperatur auf dem Grill von allen Seiten anrösten und für insgesamt ca. 10 Minuten garen.

TIPP

Mit Heidelbeeren und Vanillesauce servieren.

GEGRILLTE PFIRSICHE

mit Erdbeer-Minz-Sauce und gerösteten Mandeln

8 PORTIONEN

200 g Erdbeeren
brauner Zucker, nach Belieben
50 g Joghurt, 10 % Fettgehalt
etwas frische Minze
100 g Mandelblätter oder gehackte Mandeln

ZUBEREITUNG

Die Erdbeeren putzen und mit etwas Zucker (je nach Süße der Beeren) pürieren. In eine Schüssel geben und mit dem Joghurt und etwas gehackter Minze vermischen.

Die Mandelblätter bzw. die gehackten Mandeln in einer Eisenpfanne auf dem Grill anrösten – das geht fix, also unbedingt gut aufpassen!

Die Pfirsiche waschen, halbieren und entkernen. Auf dem Grill über direkter, mittlerer Hitze (180 °C) von beiden Seiten für 5–10 Minuten grillen.

Zum Servieren die Pfirsiche auf einen Teller geben, die Sauce in die Hohlräume der Früchte geben und mit den Mandeln garnieren.

OBST-TRIFLE

4 PORTIONEN

8 Schokokekse

500 g Joghurt, 10 % Fettgehalt

Saft von 1 Zitrone

300 g Pfirsiche, alternativ andere Früchte oder Beeren

50 g Butter

2 EL Honig

UTENSILIEN:

4 Serviergläser, Gusspfanne oder feuerfeste Form

ZUBEREITUNG

Die Kekse zerkrümeln und auf vier Gläser verteilen.

Den Joghurt mit dem Zitronensaft mischen und gleichmäßig auf die Gläser verteilen.

Eine kleine Gusspfanne oder feuerfeste Form im Grill erhitzen und die Butter darin schmelzen.

Die Pfirsiche entkernen und schälen. In mundgerechte Stücke schneiden und in der Pfanne 3–5 Minuten schwenken, das kommt natürlich auf das Obst an und wie weich man es haben möchte.

Den Honig in die Pfanne geben und unterrühren. Das heiße Obst aus der Pfanne direkt auf den Joghurt geben und sofort servieren. Das Dessert lebt von dem Zusammenspiel von heiß und kalt, süß und sauer.

„I THINK WE HAVE A GRANDIOS SAISON GESPIELT."

ROMAN WEIDENFELLER

09. FINALE

Mitternachtsgrillen

MARINIERTER SCHWEINEBAUCH

mit süßer Glasur

4 PORTIONEN

2 EL Mayonnaise
2 EL grober Senf
8 EL BBQ-Rub für Schwein (siehe S. 11)
200 ml BBQ-Sauce
100 ml Ahornsirup

ZUBEREITUNG

Die Mayonnaise, den Senf und den BBQ-Rub für Schwein zu einer Marinade vermischen.

Am Schweinebauch die Schwarte mehrfach einschneiden oder ganz entfernen. Das Fleisch anschließend in die Marinade geben und gleichmäßig benetzen. Für mindestens 4 Stunden im Kühlschrank marinieren. Wenn das Fleisch länger mariniert, z. B. über Nacht, wird der Geschmack noch intensiver.

Den Grill auf ca. 220 °C vorheizen und die Scheiben über direkter Hitze von beiden Seiten anrösten.

Die BBQ-Sauce und den Ahornsirup vermischen. Das Fleisch dann in den indirekten Bereich des Grills legen und die Oberseite mit der Mischung bepinseln. Nach 10 Minuten wenden und die andere Seite ebenfalls mit der Mischung bestreichen.

Für weitere 10 Minuten garen.

Vom Grill nehmen und vor dem Servieren 3–5 Minuten ruhen lassen.

TIPP

Die Spieße mit etwas Sauce und selbstgemachten Pommes Frites und Mayonnaise servieren.

Die Paprikasauce ungarischer Art schmeckt warm und kalt, perfekt zu Gegrilltem oder zum Schnitzel.

ENDSPIEL-SCHASCHLIK

4 PORTIONEN

PAPRIKASAUCE UNGARISCHER ART

- 2 große Zwiebeln
- 2 Knoblauchzehen
- 2 rote Paprikaschoten
- 1 grüne Paprikaschote
- 2 scharfe Chilischoten
- 2 EL Olivenöl
- 500 ml passierte Tomaten
- 1 TL getrocknetes Basilikum
- 1 TL getrockneter Rosmarin
- 1 TL getrockneter Thymian
- 4 EL Ajvar
- 3 EL Zucker
- Weißweinessig, nach Belieben
- Salz & Pfeffer, nach Belieben

SCHASCHLIK

- 1 kg Schweinenacken
- 4 EL BBQ-Rub für Schwein (siehe S. 11)
- 4 Zwiebeln
- 2 rote Paprikaschoten
- 250 ml BBQ-Sauce
- 500 ml Rinderfond

UTENSILIEN:

- Spieße

ZUBEREITUNG

Für die Paprikasauce Zwiebeln und Knoblauch schälen, Paprikaschoten und Chili entkernen, die Zutaten in kleine Stücke schneiden und in einem Topf mit dem Olivenöl leicht anschwitzen.

Passierte Tomaten und Kräuter dazugeben und aufkochen lassen. Für 15 Minuten sanft köcheln und mit Ajvar, Zucker, Essig, Salz und Pfeffer abschmecken.

Den Schweinenacken in ca. 4 x 4 cm große Stücke schneiden. Das Fleisch mit dem BBQ Rub würzen und ca. 1 Stunde im Kühlschrank marinieren.

Die Zwiebeln schälen und vierteln.

Paprikaschoten entkernen und in gleichmäßige Stücke schneiden.

500 ml Paprikasauce ungarischer Art mit BBQ-Sauce und Rinderfond vermengen.

Fleisch, Paprika und Zwiebeln abwechselnd auf Spieße stecken und auf dem Grill von allen Seiten über mittlerer, direkter Hitze anrösten.

Dann die Spieße in eine geeignete Edelstahlschale legen und die Sauce darüber geben.

Die Schale im indirekten Bereich des Grills platzieren und für ca. 2 Stunden bei ca. 150 °C garen.

SPICY CHICKEN WINGS

4-6 PORTIONEN

2 kg Chicken Wings
50 ml Hot Sauce
BBQ-Rub für Chicken (siehe S. 11)
200 ml BBQ-Sauce

GRILLVORBEREITUNG
Den Grill mit einem Deflektor auf ein indirektes Grillen bei ca. 200 °C einregeln.

ZUBEREITUNG

Die Chicken Wings abwaschen, trocken tupfen und in eine große Schüssel geben.

Die Hot Sauce dazugeben und die Wings damit vermengen, so dass alle Wings eine dünne Schicht Sauce abbekommen.

Dann die Wings von allen Seiten mit dem BBQ-Rub würzen.

Die Wings auf den Grillrost legen und ca. 30 Minuten garen, bis sie außen knusprig geworden sind.

In der Zwischenzeit die BBQ-Sauce mit dem Ahornsirup vermischen.

Die Chicken Wings von beiden Seiten mit der Sauce glasieren und für weitere 5–10 Minuten garen.

STADIONFACKELN

4 PORTIONEN

MARINADE

100 ml Mayonnaise

2 EL Hot Sauce

1 TL brauner Zucker

1 Knoblauchzehe

Salz & Pfeffer, nach Belieben

ca. 800 g Bauchfleisch ohne Schwarte,
in ca. 5 mm dicke Scheiben geschnitten

UTENSILIEN:

breite Spieße

ZUBEREITUNG

Für die Marinade die Mayonnaise, Hot Sauce und braunen Zucker in eine Schüssel geben. Die Knoblauchzehe schälen, fein reiben und zur Marinade hinzufügen. Alles gut miteinander vermengen und kräftig mit Salz und Pfeffer würzen.

Die Bauchfleisch-Scheiben von beiden Seiten mit der Marinade würzen und im Kühlschrank für ca. 4 Stunden ziehen lassen.

Ein Ende vom Bauchfleisch auf den Spieß stecken und die Scheibe dann um den Spieß wickeln, am Ende wieder feststecken. Am besten breite Spieße verwenden, dann bleibt die Scheibe Bauchfleisch besser in Position.

Die Spieße über direkter, hoher Hitze ca. 5–10 Minuten von allen Seiten anrösten und garen, dabei ständig drehen und wenden.

POMMES FRITES

2 kg vorwiegend festkochende Kartoffeln
3l Frittierfett
Salz, nach Belieben

ZUBEREITUNG

Die Kartoffeln schälen und gleichmäßig in ca. 1 x 1 cm dicke Stifte schneiden.

Das Fett im Dutch Oven auf ca. 150 °C erhitzen.

Die Pommes für ca. 15 Minuten bei gegebener Temperatur garen, rausnehmen und auf Küchenpapier gut abtropfen und ausdampfen lassen. Am besten in 2 Schritten arbeiten, damit die Temperatur im Topf nicht zu stark absinkt.

Nach dem ersten Garvorgang die Temperatur auf ca. 180 °C erhöhen. Bei der Temperatur kommen die vorgegarten Pommes nochmal für 3–5 Minuten in das heiße Öl, je nach gewünschtem Bräunungsgrad. Zum Abtropfen in ein Sieb geben und mit etwas Salz würzen.

CURRYWURST

mit Pommes frites

4 PORTIONEN

10 feine Bratwürste, gebrüht oder roh
etwas Öl

SAUCE

1 kleine Zwiebel
1 Knoblauchzehe
1 Chilischote
2 EL Olivenöl
1 l Tomatenketchup
5 EL Currypulver
4 EL Paprikapulver, scharf
100 g brauner Zucker
30 ml Worcestersauce
2 TL Senf
Saft von 1 Orange
Salz & Pfeffer, nach Belieben

ZUBEREITUNG

Die Briketts zum Glühen bringen und den Dutch Oven darüber erhitzen.

Die Bratwürste mit etwas Öl im Dutch Oven anbraten und gegebenenfalls durchgaren (bei rohen Würsten), dann aus dem Topf nehmen und bereithalten. Natürlich können die Würste auch einfach gegrillt werden, falls ein Grill zur Hand ist.

Für die Sauce die Zwiebel, den Knoblauch und die entkernte Chilischote sehr fein schneiden. In den Dutch Oven geben und mit etwas Öl anbraten. Jetzt können der Ketchup und die übrigen Zutaten mit hinein, alles gut miteinander vermengen und zum Kochen bringen.

Für ca. 30 Minuten sanft köcheln, dabei immer wieder umrühren, gegebenenfalls etwas Wasser hinzugeben. Zum Schluss sollte die Sauce noch nach eigenem Geschmack nachgewürzt werden. Die Würstchen entweder mit etwas Sauce direkt servieren oder in Scheiben schneiden und in der Sauce bis zum Anrichten warm halten.

CHICKEN-TACO

mit Ananas und Guacamole

4 PORTIONEN

8 Tortillas à 12 cm Ø

600 g Hähnchen Pollo Fino

3 EL BBQ-Rub für Chicken (siehe S. 11)

½ Ananas

1 Salatherz

1 Chilischote

8 TL Mayonnaise

200 ml Guacamole

ZUBEREITUNG

Das Hähnchen unter klarem Wasser abwaschen und trocken tupfen.

Mit der Gewürzmischung bestreuen und ca. 15 Minuten ziehen lassen.

Hähnchen auf dem Grill von allen Seiten scharf anrösten und fertig garen.

Die halbe Ananas schälen, Strunk entfernen und für 10 bis 15 Minuten rundherum auf dem Grill anrösten.

In der Zwischenzeit den Salat in feine Streifen schneiden und die entkernte Chilischote fein hacken.

Tortillas auf dem Grill kurz anrösten und dann mit der Mayonnaise bestreichen.

Den Salat und Chili auflegen, Hähnchen in kleine Stücke schneiden und darüber verteilen.

Die Guacamole dazugeben, Ananas in kleine Stücke schneiden und darauflegen.

Wer mag, kann die Tacos noch mit einer scharfen Sauce verfeinern.

DANKE

Das Team Grillbuch hat beim BVB eine wunderbare Zeit erlebt. Deshalb herzlichen Dank an Antonia Lohmann und Christopher Herwig vom BVB, die für uns im Vorfeld und vor Ort immer da waren.

Großer Dank geht natürlich auch raus an unsere Partner!

Zum einen den Experten von Enders, die uns mit ihrem megagenialen Grill „UNIQ PRO" wirklich fasziniert haben. Sein in Höhe und Neigung stufenlos einstellbarer Cruster für bis zu 800 °C Oberhitze oder als Backburner macht Steaks, Pizza oder Nachtisch mächtig Feuer.

Und dann ist da zum anderen natürlich REWE, die mit ihren Leckereien aus der „REWE Feine Welt" den Rezepten von Olli und Nobby den Extra-Kick gegeben haben. Derzeit umfasst das Programm über 200 Genüsse aus aller Welt. Außerdem war REWE als Lieferant der BVB-Stadionwurst ohnehin „gesetzt" bei diesem Event.

Die berühmten letzten Worte gehören unseren Autoren.

Nobby: „Ich danke dem BVB, der es mir immer wieder ermöglicht, auch mal so ein klasse Projekt wie dieses Grillbuch umzusetzen. Und ich danke meiner lieben Frau Annette, dass sie nicht nur immer da ist, sondern dass sie auch alles isst, was ich so grille."

Olli: „Zum Schluss möchte ich mich noch bei Nobby bedanken für die großartige Zusammenarbeit und die Freundschaft, die uns mittlerweile privat verbindet. Natürlich auch beim Heel Verlag für die Möglichkeit, mein zehntes Buch zu etwas Besonderem zu machen, und bei meiner Lebensgefährtin Angela, die mich auch dieses Mal unterstützt hat und immer an meiner Seite ist. Dieses Buch widme ich aber meiner bezaubernden Enkelin Carla, die mein Leben so großartig bereichert und mir zeigt, wie wichtig es ist, jeden Tag positiv zu gestalten und bewusst zu erleben."

Alle auf den Fotos gezeigten BVB-Fanartikel und noch viel mehr kann man in den BVB-Fanshops kaufen oder hier ordern: https://shop.bvb.de.